क़लम ज़िंदा रहेगा!

(ग़ज़ल-संग्रह)

णाणं
पयासयं

वीर नि.सं. 2470

ई. सन् 1944

भारतीय ज्ञानपीठ

क़लम ज़िंदा रहेगा!

आलोक यादव

भारतीय ज्ञानपीठ

पहला संस्करण : 2022
दूसरा संस्करण, मार्च : 2022

लोकोदय ग्रन्थमाला : 1521

ISBN : 978-93-90659-05-0

क़लम ज़िंदा रहेगा!
(ग़ज़ल-संग्रह)
आलोक यादव

QALAM ZINDA RAHEGA!
(Ghazal Collection)
by Alok Yadav

Published by
Bharatiya Jnanpith
in an arrangement with
Vani Prakashan
4695, 21-A, Daryaganj, New Delhi-110 032
Ph.: 011-23273167/23275710
e-mail: sales@vaniprakashan.in

मुद्रक : आर. टेक ऑफ़सेट प्रिंटर्स, दिल्ली-110 032

Second Edition : 2022

Price: INR. 200

समर्पण

स्वर्गीय धर्मपत्नी साधना यादव
को,
जिन्हें कोरोना के क्रूर हाथों ने हम से छीन लिया।

— — —

इस घर की सारी ख़ुशियाँ रख कर कहाँ गईं तुम
ढूँढें हैं मिल के सारे, मिलती नहीं किसी को

—

तुम्हारे बाद छाएगी घटा भी गुल भी महकेंगे
हर इक रुत आएगी पर वस्ल का मौसम नहीं होगा

पहले शायर बाद में अफ़सर

आलोक यादव शुरूअ शुरूअ में और बहुत से सरकारी अफ़सरों की तरह शायरी के शह्र में ज़बरदस्ती दाख़िल होने वाले एक और अफ़सर लगते थे। इसी कारण उन्हें क़ुबूल करने में अंदर से सख़्त रुकावटें थी। लेकिन धीरे-धीरे महफ़िलों में उन्हें सुनते हुए बाज़-औक़ात ऐसे चमकदार शेर सुनने को मिले कि उनके बारे में मेरा ख़याल ग़लत साबित होने लगा और मैंने मन ही मन उनसे माज़िरत भी कर ली। और अब उनकी आने वाली किताब में शामिल शेर पढ़कर मुझे यक़ीन हो गया कि शायरी उनकी ज़िंदगी में अफ़सरी से पहले आई होगी और फिर आती चली गई।

आलोक यादव की इस किताबे-शेर में ऐसे अशआर की तादाद अच्छी ख़ासी है जिन्हें उनकी शेर गोई के सलीक़े की गवाही में पेश किया जा सकता है, मसलन यह शेर—

कुछ शेर सारी उम्र मुकम्मल नहीं हुए
सानी के जैसा मिसर-ए-ऊला नहीं लगा

तुम्हें लगते हैं मंज़र ख़ूबसूरत किस नज़र से
उधर से देखने वालो ज़रा देखो इधर से।

इसी तरह—

आपके चेहरे पे है 'आलोक' जो इक नूर सा
कुछ नहीं यह सिर्फ कैफ़े-इंतज़ार-ए-यार है

यहाँ आलोक के साथ नूर का इंतज़ार किसी तब्सिरे का मोहताज नहीं है। ग़ज़ल के शेर में अंग्रेज़ी लफ़्ज़ों का इस्तेमाल मुझे एक आंख नहीं भाता मगर इस शेर में रियर-व्यू-मिरर को जिस तरह जिस हुस्नकारी से बरता गया है उसको दाद न देना ज़ुल्म होगा—

मेरी नज़र पड़ी है रियर-व्यू-मिरर पे जब
जितना तू दूर था मुझे उतना नहीं लगा

ऐसे ही बहुत से शेरों से मालामाल इस किताब के लिए आलोक यादव का शुक्रिया।

—फ़रहत एहसास
ग्रेटर नोएडा

हमारे दिल में छुप कर बैठ जाते हैं कई मौसम

आलोक यादव अस्रे-हाज़िर के एक ऐसे ख़ुशफ़िक्र शाइर का नाम है जिसकी शाइरी अपनी ज़ात, हयात और कायनात से रौशनी लेकर अहले-दिल और अहले-नज़र को अपनी तरफ़ मुतवज्जो कर रही है। कविता से ग़ज़ल तक पहुँचने का सफ़र उन्होंने इंतिहाई लगन और पुख़्ता इरादे के साथ तय किया है। हिन्दी और उर्दू के ख़ूबसूरत अल्फ़ाज़ से आरास्ता उनकी ग़ज़लें सफ़्ह-ए-क़िरतास पर भी रौशन हैं, मुशाइरों में भी गूँजती हैं और सोशल मीडिया पर भी जलवागर रहती हैं।

एक आला सरकारी ओहदे की ज़िम्मेदारियाँ ख़ुशउसलूबी के साथ निभाते हुए शाइरी और शाइरों के लिए वक़्त निकाल लेना न सिर्फ़ उनकी ग़ैर मामूली सलाहियतों बल्कि वुसअते-क़ल्ब का भी सुबूत है।

उनकी शाइरी से मुताल्लिक़ कई अहम शख़्सियतों ने जो राय क़ायम की है वो उनके तआरुफ़ के लिये काफ़ी है। इल्म की ख़ुशबू, मुशाहिदों की चमक, फ़िक्रो-ख़याल का नूर और तज्रबों की बाज़गश्त उनकी शाइरी के वह महासिन हैं जिन्होंने उन्हें बहुत कम अरसे में सुख़नवरों और सुख़नफ़हमों के बहुत क़रीब कर दिया है। अपनी ग़ज़लों में वह एक मुहब्बत करने वाले इन्सान भी नज़र आते हैं और अपने अतराफ़ और समाज में रुनुमा होने वाले वाक़ियातो-हादिसात और मुख़्तलिफ़ नज़रियातो-ख़यालात रखने वाले लोगों के दरमियान ज़िन्दगी गुज़ारने वाले हस्सास और ज़िम्मेदार फ़र्द भी।

कोई ख़याल, कोई कैफ़ियत, कोई वाक़िआ या हादिसा जब उनके दिलो-दिमाग़ पर अपने असरात मुरत्तिब करता है तो वह बड़ी ख़ूबसूरती के साथ उसे शेरी पैकर में ढाल देने का हुनर रखते हैं।

आलोक यादव की शाइरी इश्क़ की रूहानी कैफ़ियतों से भी गुज़रती है और इश्क़ से मुताल्लिक़ तल्ख़ हक़ाइक़ से भी। मिसाल के तौर पर—

हिसारे-आशिक़ी में वज्द की हालत में रहता हूँ
बहारें मुझमें ख़ेमाज़न हैं मैं राहत में रहता हूँ।

न कुछ पाने की हसरत है न कुछ खोने का ख़तरा है
बहुत बेफ़िक्र होकर मैं तेरी सुहबत में रहता हूँ।

और

ज़हर क्या है सिर्फ़ चीजों की ग़लत मिक़दार है
और इन्हीं चीज़ों में शामिल तेरा मेरा प्यार है।

उन्होंने ऐसे मज़ामीन को भी अपने अशआर का मौज़ूअ बड़ी ख़ूबसूरती से बनाया है जो ज़िंदगी के हंगामों, ख़दशों, सरगरमियों और फ़लसफ़ों की देन हैं—

हमारे दिल में छुप कर बैठ जाते हैं कई मौसम
सफ़र के वास्ते हम जब कभी तय्यार होते हैं।

ये अक्सर हमने देखा है हवा चुप साध लेती है
नज़र में सरफिरी आँधी के जब आसार होते हैं

जैसा कि कहा गया है शाइर अपने समाज और अपने गिर्दो-पेश की दुनिया से बेख़बर नहीं रह सकता सो इसका जीता जागता सुबूत आलोक यादव के बहुत से अशआर में भी हमें साफ़ नज़र आता है—

लाऊँ मैं कहाँ से भला अन्दाज़े-बयाँ और
मुंसिफ़ की ज़बाँ और है और मेरी ज़बाँ और

तुम्हें लगते है मंज़र ख़ूबसूरत किस नज़र से
उधर से देखने वालो ज़रा देखो इधर से

बहुत चरचे थे जिस दर की सख़ावत के यहाँ
वो औरों पर खुला हम सर झुकाते रह गए

अनक़रीब उनका दूसरा मजमुआ-ए-कलाम मंज़रे-आम पर आने वाला है, मेरी दुआ है कि ताज़ा मजमुआ पहले मजमुए से कहीं ज़ियादा मक़बूलियत हासिल करे और उनका शेरी सफ़र ख़ूब से ख़ूबतर की तरफ़ हमेशा जारी-ओ-सारी रहे।

—अक़ील नोमानी

नोमानी स्ट्रीट, मीरगंज, बरेली

अदब की बनावट और कारीगरी

आलोक यादव का अदब शोर शराबे से दूर ख़ामोशियों के दश्त में फलता फूलता दिखाई देता है बल्कि कभी कभी तो ये भी मालूम होता है कि उस जंगल की ख़ामोशी एक आवाज़ में तब्दील हो रही है। उसी आवाज़ का नाम आलोक यादव की शायरी है । उनकी शायरी को अगर क्लासिकल शायरी की नई तस्वीर कहें तो कोई नाइंसाफ़ी नहीं होगी।

कुछ शेर सारी उम्र मुकम्मल नहीं हुए
सानी के जैसा मिसर–ए–ऊला नहीं लगा

आलोक यादव के अदब की बनावट और कारीगरी में जहाँ उनकी संजीदगी, ईमानदारी और इंसानदोस्ती का अक्स नुमाया होता है वहीं आसानी से बात कह जाने का हुनर भी निकल कर आता है। उनकी संजीदा शायरी का ताना–बाना भी फ़न को पेचीदा नहीं बनाता बल्कि मज़ीद ख़ूबसूरती के साथ बयां होता है यहाँ देखिए कैसे उन्होंने इशारों में हाल–ए–दिल की तस्वीर बनाई है—

नहीं समझेगा अब ये दिल तुम्हारी अक़्ल की बातें
तुम्हारा मशवरा अब ज़ख़्म का मरहम नहीं होगा

मुनफ़रिद लबो–लहजे के शायर और आला अधिकारी श्रीयुत आलोक यादव ने प्रशासनिक सेवा के साथ साथ अपने शौक़–ओ–ज़ौक़ को भी अपना हमक़दम हमसफ़र बनाए रखा। लगभग एक दहाई से भी ज़्यादा का अरसा हुआ कि उनकी क़लम अपने फ़न के जादू से मुसलसल ज़िंदा है और ग़ज़लों की फ़स्लों से जलवा अफ़रोज़ हैं 2016 में जाने माने पब्लिकेशन लोकभारती प्रकाशन, इलाहाबाद से उनका ग़ज़ल संग्रह 'उसी के नाम' आने के बाद उनकी नामवरी में मज़ीद इज़ाफ़ा हुआ और आज के अहद में वे किसी तआरूफ़ के मोहताज नहीं हैं। आलोक साहब की शायरी दुनियावी मुश्किलों की गलियों से भी सोहबत रखती है और जीवन के एकाकीपन को भी सीने से लगाती है। इंसानी जज़्बात उनके यहाँ निखर के सामने आते हैं।

बेचैनियों में कोई इज़ाफ़ा नहीं हुआ
बीमार आपका अभी अच्छा नहीं हुआ

इक मूर्ति को दिल में बसाये हुए हैं हम
लेकिन ये बदनसीब शिवाला नहीं हुआ

उनके बारे में बेशक़ ये कहा जा सकता है कि अपने अहद के जिन शायरों की शायरी ने अदब को ख़ासा मुतास्सिर किया है उनमें आलोक यादव जी का नाम अव्वल-ए-फ़ेहरिस्त नामों में शुमार है। अनूठा अंदाज, गहरी पैठ, उम्दा तख़य्युल, आला लहजा, मेयारी ज़बान, ऊँचे मआनी और लाजवाब शायरी आलोक की तख़लीक़ी शिनाख़्त हैं।

ये मतला और शेर अपने आप में इस कहानी को बख़ूबी बयां कर रहे हैं—

जज़्ब-ए-इश्क़-ओ-वफ़ा में रंग भरती है बहुत
सादगी में शख़्सियत उसकी निखरती है बहुत

नाज़ से अंदाज़ से जब तू सँवरती है बहुत
मुझ में फिर मौजे-तरन्नुम रक़्स करती है बहुत

आलोक दानिश और आलिम ज़ेहन के साथ अपने काम में पूरे अनुशासन से जुड़े होकर भी बड़ी सादगी से अपने मामूल की बात को बयां करते हैं—

दफ़्न हैं दफ्तर की फ़ाइल में हज़ारों मसअले
ऐसा लगता है कि जैसे क़ब्र हो फ़ाइल न हो

और कभी रोमानी अंदाज़ में ये भी फ़रमाते हैं कि—

डाली है उसने कप में मेरे चाय ज़ियादा
कुछ देर ताकि वक़्त ठहर जाय ज़ियादा

उनकी शायरी में सच का रंग अपने मेयार को कभी धुंदला नहीं करता। उनके आँगन में फ़क़त तितलियाँ नहीं रक्स करती बल्कि तल्ख़ बात को बिना घुमाए कहने की हिम्मत भी दोनों पाँव पर खड़ी रहती है। ज़बान के माहिर आलोक यादव जी एक सादिक़ ओ शदीद आशिक़ की तरह शायरी करते हैं। सच्चे प्रेम में डूबे हुए गहरे कवि की कविताई ही उनकी रचनाधर्मिता है। प्रेयसी की प्रतीक्षा हो या प्रेमी का चंचल मन, उनकी कविता एक कहानी है और ये सब उस कहानी के चरित्र हैं। कल की तारीख़ से आज की तारीख़ के दरम्यान एक जैसी रंगत तलाशने और तराशने का काम उनकी शायरी का हिस्सा है तभी तो वे कह पाते हैं कि—

प्यार का दोनों पे आख़िर जुर्म साबित हो गया
ये फ़रिश्ते आज जन्नत से निकाले जाएंगे

कभी-कभी ये भी महसूस होता है कि उनके दिल-ओ-ज़ेहन में लफ़्ज़ों के

मानी का दश्त है जहाँ इंसानी क़दरों के अनगिनत शजर हैं और वे गाहे बगाहे उनके खट्टे मीठे फल तोड़ते हुए अपने ज़ाती वाक़यों को यूँ भी कहते हैं कि—

छुअन उसकी, बदन मेरा, कहन उसकी, दहन मेरा
यही हैं अब तो मेरे वास्ते जागीर माज़ी की

उनके यहाँ नुदरत और जिद्दत के साथ रिवायत भी क़दम से क़दम मिलाते हुए चलती है। तन्हाई के आलम में आलोक जी का मन क़लम बन जाता है और रूह से आवाज़ आती है कि—

दोपहर कटती नहीं हम क्या करें
धूप जाती ही नहीं दालान से

उनका हरेक शेर कई-कई मानों में अपने ज़ाविये बनाता दिखाई देता है। फ़लसफ़ा उनकी शायरी की जान में उतर जाता है तो वे कहते हैं कि—

वक़्त को मैंने किया बर्बाद, मुझ को वक़्त ने
मैं भी अब बीमार हूँ और वक़्त भी बीमार है

—कुंवर रंजीत चौहान
बानी-जश्न-ए-अदब
उर्दू शायर

क़लम ज़िंदा रहेगा !

जिस तरह मेरा होना निश्चित था उसी तरह मेरा शायर होना भी तय था। इसीलिए क़ुदरत ने मुझे एक हस्सास तबीयत इंसान बनाया साथ ही दुनियादारी की थोड़ी–बहुत समझ भी दे दी जिस कारण मैं ज़िंदगी बसर करने को एक समुचित रोज़गार भी पा सका। मेरा मानना है कि नियति ने हमारे रास्ते तय कर रखे हैं। हमारे वश में केवल उन पर चलना या न चलना ही है और कभी–कभी तो लगता है कि यह 'न चलना' भी हमारे वश में नहीं है। कम से कम शेरी सफ़र पर 'न चलना' तो मुझे मेरे वश में बिल्कुल नहीं लगता। मेरा शेरी सफ़र कोई 9 साल पहले शुरू हुआ था। हालांकि मेरा साहित्यिक सफ़र कोई 38 साल पुराना है। मैने अपनी पहली कविता 1983 में अपने स्कूली जीवन में लिखी थी। अपने जीवन के बारे में अपनी पहली पुस्तक 'उसी के नाम' में मैं विस्तार से लिख चुका हूँ। यह पुस्तक 2016 में लोकभारती प्रकाशन, इलाहाबाद से प्रकाशित हुई थी। मैने बाक़ायदा ग़ज़ल कहना 2012 में शुरू किया था। प्रथम संग्रह में 2012 से 2015 तक की ग़ज़लें संकलित हैं। इसका दूसरा संस्करण 2018 में प्रकाशित हुआ।

वर्तमान संग्रह में जनवरी 2016 से अक्टूबर 2021 तक की 51 ग़ज़लें संकलित की जा रही हैं। इसमें 6 ग़ज़लें पिछले संग्रह से भी ली गई हैं। यह वह ग़ज़लें हैं जो पाठकों / श्रोताओं द्वारा ज़ियादा सराही गईं। इसमें पिछले ग़ज़ल संकलन के 51 अशआर भी हैं जो पारखी लोगों द्वारा ख़ासतौर पर पसंद किए गए हैं।

मेरे लिए ग़ज़ल कहना ईश आराधना के समान है क्योंकि मैं उसी की बनाई दुनिया का बखान अपने अशआर में करता हूँ। इन अशआर में ईश्वर का बनाया स्थूल संसार है तो उसके सूक्ष्म व्यापार भी हैं। मुझे लगता है कि मैं शेर कहते हुए ईश्वरीय सत्ता से कभी प्रत्यक्ष तो कभी परोक्ष रूप से वार्तारत रहता हूँ। किसी शेर में मैं स्वानुभूत सत्य कहता हूँ तो किसी में देखा, समझा और महसूस किया हुआ। और इसके लिए मेरी भाषा हिंदुस्तानी है जिसमें हिंदी के तत्सम–तद्भव–देशज आदि के साथ–साथ उर्दू और यदा कदा अंग्रेज़ी आदि के शब्द भी होते हैं। मेरी कोशिश होती है कि भाषा सहज और समझ में आने वाली

हो लेकिन इससे भी ज़रूरी मैं यह समझता हूँ कि वह कथ्य और शिल्प के अनुकूल हो इसलिए कहीं-कहीं मुश्किल शब्द भी आ जाते हैं। पाठकों की सहूलत के लिए इनके अर्थ भी मैं लिख देता हूँ जिससे उन्हें शेर का मर्म समझने में मुश्किल न हो। शायरी के लिए मैंने बरेली में रहते हुए बाक़ायदा उर्दू सीखी। हालांकि 2016 में दिल्ली ट्रांसफर के बाद यह सिलसिला रुक गया।

ग़ज़ल को अपनी अभिव्यक्ति का माध्यम चुनने के पीछे कई कारण हैं जिनमें प्रमुख है इसके हर शेर का स्वयं में पूर्ण कविता होना जिसकी वजह से मुझे यह स्वतंत्रता मिलती है कि मैं अपनी व्यस्तताओं के बीच सुविधा अनुसार अलग-अलग समय पर शेर कह कर ग़ज़ल पूरी कर सकूं।

मैं मितभाषी हूँ। अपने बारे में तो और भी कम बोलता हूँ। इसीलिए जब इस भूमिका को लिखने बैठा तो समझ में ही नहीं आ रहा था कि क्या लिखूं। बस जो ज़रूरी लगा वह लिख दिया। वर्ष 2020 एवं 2021 सारी दुनिया के लिए चुनौती भरे रहे। कोरोना की चुनौती अभी भी समाप्त नहीं हुई है। 24 अप्रेल 2021 को कोरोना के क्रूर हाथों ने मुझसे मेरी पत्नी साधना को छीन लिया। इस दर्द से मैं और मेरा परिवार कभी उबर नहीं पाएंगे। ऐसे समय में शायरी ही मेरा सहारा बनी। इसने मुझे दर्द सहने और कहने की हिम्मत दी। अपनी ग़ज़लों के बारे में ज़ियादा कहने की ज़रूरत मुझे नहीं लगती क्योंकि ग़ज़ल तो ख़ुद अपने बारे में कहती है। बाक़ी जो अनकहा है वह सुधि पाठक और आलोचक स्वयं समझ लेंगे। उसका कहना मेरे लिए न ज़रूरी है और न उचित। जितना कहना था, शेर में ही कह दिया।

इस ग़ज़ल संग्रह पर मेरे उस्ताद मोहतरम अक़ील नोमानी साहब ने अपनी दुआएं भेजी हैं। उनका जितना भी आभार व्यक्त करूँ कम ही होगा। गुरु से उऋण होना संभव नहीं है। जाने-माने अदीब और शायर जनाब फ़रहत एहसास साहब ने भी मुझे चुनिंदा अल्फ़ाज़ में जो तबर्रुक़ बख़्शा है उसे सर-माथे ही लगाया जा सकता है। जेएनयू में फ़ारसी के प्रोफेसर जनाब अख़लाक़ आहन साहब ने भी मेरी शायरी पर चंद सतरों में जो अपनी राय का इज़हार किया है वह मेरे लिए अमूल्य धरोहर है। मशहूर फिल्म निर्माता-निर्देशक-लेखक जनाब मुज़फ़्फ़र अली साहब को मैं अपनी शायरी व्हाट्सएप पर भेजता रहता हूँ। उन्हें जब मैंने इस संग्रह के बारे में बताया तो उन्होंने जो लिख भेजा वह मेरे लिए किसी अवार्ड से कम नहीं है। मेरे शायर दोस्त कुँवर रंजीत सिंह चौहान ने भी अपने प्रेम पूर्ण आलेख से मुझे उपकृत किया। उनका यह प्रेम कभी भूला नहीं जा सकता। इस अवसर पर मैं अपने एक और रहनुमा-मरहूम सरदार हुसैन रिज़वी उर्फ सरदार ज़िया साहब को कैसे भूल सकता हूँ। सैंथल, बरेली निवासी ज़िया साहब ने 2014-2015 में मेरी उंगली पकड़कर शायरी का फ़न सिखाया। उनका स्नेह मैं आजीवन नहीं भूल सकता हूँ। मुझे उर्दू सिखाने वाले डॉ. अनवर वारसी साहब का भी

मैं धन्यवाद करना चाहूंगा। उन्होंने जिस तरह मेरी और अपनी मसरूफ़ियत में तालमेल बिठा कर मुझे उर्दू सिखाई वह एक मुश्किल काम था। इस अवसर पर मैं अपने कुछ और करमफ़र्माओं को भी याद कर रहा हूँ। आज मुझे अदरणीय डॉ कुँवर बेचैन जी की बहुत याद आ रही है। उन्हें भी कोरोना ने हमसे छीन लिया। उन्होने मेरे प्रथम संपादित ग़ज़ल संकलन 'इज़्तिराब' और मेरे अपने प्रथम ग़ज़ल संग्रह 'उसी के नाम' पर बहुत विस्तृत आलेख लिख कर भेजे थे जिन्हें इन पुस्तकों में शामिल किया गया था। उनके जैसे स्नेही और शुद्ध हृदय व्यक्ति मैंने कम ही देखे हैं। अज़ीम शायर प्रो. वसीम बरेलवी साहब से जो एक बार मिल लेता है वो फिर उनके जादू से कभी बाहर नहीं आ पाता है। उनका मुझ पर बहुत स्नेह रहा है। उन्होने भी मेरी दोनों पूर्व पुस्तकों पर अपने मज़ामीन लिख कर हौसला अफ़ज़ाई की थी। हालांकि इस बार मैंने उन्हें ज़हमत नहीं दी लेकिन मुझे यक़ीन है कि उनकी दुआएं हमेशा मेरे साथ हैं।

मैं भारतीय ज्ञानपीठ का आभार शब्दों में व्यक्त नहीं कर सकता। जिस सहजता और तत्परता से उन्होंने इस संग्रह का प्रकाशन करना स्वीकार किया है वह बहुत सुखद अनुभूति देने वाला है। भारतीय ज्ञानपीठ के समस्त पदाधिकारियों का मैं हृदय से आभार व्यक्त करता हूं और आपके हाथों में अपना यह ग़ज़ल संग्रह 'क़लम ज़िंदा रहेगा' सौंपता हूँ। मुझे उम्मीद है इसे मेरे प्रथम ग़ज़ल संग्रह से भी ज़ियादा प्यार मिलेगा। आपकी प्रतिक्रियाओं की प्रतीक्षा रहेगी।

—आलोक यादव
दिल्ली
ई-मेल : alokyadav1@rediffmail.com
मो.: 9412736688

अनुक्रम

क़लम ज़िंदा रहेगा!

जो भी सूखे गुल किताबों में मिले अच्छे लगे
हों वो लम्हे या बशर छूटे हुए अच्छे लगे

बर्गे-गुल पे तो हमें शबनम बड़ी अच्छी लगी
अश्क लेकिन कब तेरे रुख़सार पे अच्छे लगे

दिलकशी थी उन्सियत थी या मुहब्बत या जूनून
सब मराहिल तुझसे जो मंसूब थे अच्छे लगे

ज़िंदगी दी थी तो देता उम्र भी भरपूर तू
क्यूँ ख़ुदा तुझको भला फल अधपके अच्छे लगे

काग़ज़ी कश्ती का रिश्ता ख़ूब है 'आलोक' से
झूठे जितने भी थे वादे आपके अच्छे लगे

बशर : इंसान; बर्गे-गुल : फूल की पत्ती; रुख़सार : गाल / कपोल; दिलकशी : आकर्षण; उन्सियत : लगाव; मराहिल : पड़ाव; मंसूब : संबन्धित

रब ने फ़ुर्सत से बनाई हैं तुम्हारी आँखें
सारी आँखों में निराली हैं तुम्हारी आँखें

कितनी उम्मीद से देखे हैं मुसाफ़िर इनको
राह जीने की दिखाती हैं तुम्हारी आँखें

उस मुसव्विर के क़सीदे मैं पढ़ूँ तो कैसे
जिसने तस्वीर में ढाली हैं तुम्हारी आँखें

वश में कर लें जिसे इक बार वो क्यूँ कर छूटे
काले जादू की पिटारी हैं तुम्हारी आँखें

उम्र भर भूल न पाएंगें इन्हें हम 'आलोक'
अपनी आँखों में बसा ली हैं तुम्हारी आँखें

वो इक बिंदास सी लड़की
अधर पे हास सी लड़की

कोई सब हार दे जिस पर
विजय की आस सी लड़की

है वैरागी, कभी रागी
किशन के रास सी लड़की

चली है जीतने जग को
अटल विश्वास सी लड़की

खुले जो रोज़ परतों सी
नए एहसास सी लड़की

वो पहले प्यार के पहले
अजब आभास सी लड़की

खिलाए पुष्प आशा के
सदा मधुमास सी लड़की

अज़ान और आरती सी वो
किसी अरदास सी लड़की

लिए आशीष के अक्षत
लगे उपवास सी लड़की

कहीं 'आलोक' देखी है
वो तुमने ख़ास सी लड़की

गुलों की गर इनायत हो गई तो?
उन्हें हमसे मुहब्बत हो गई तो ?

हमें क्यों सौंपता है दौलते-हुस्न
अमानत में ख़यानत हो गई तो?

किसी की बेकसी पे हँसने वाले
तेरी भी ऐसी हालत हो गई तो?

मुझे तू मुझसे बढ़कर चाहता है
मेरी ख़ुद से अदावत हो गई तो?

न लग होठों से सिगरेट की तरह तू
अगर मुझ को तेरी लत हो गई तो?

तू ख़ुद को बददुआ देता है अक्सर
ख़ुदा के घर समाअत हो गई तो?

इनायत : कृपा, अमानत : धरोहर, ख़यानत : ग़बन, समाअत : सुनवाई, अदावत : दुश्मनी, बेकसी : लाचारी

सूप चलनी से भी बढ़कर निकले
छेद उनमें भी बहत्तर निकले

दफ़्तरों में न मिला एक इंसाँ
कहीं बाबू कहीं अफ़सर निकले

धूल उड़ती है क्षितिज ओझल है
तेरी यादों के हैं लश्कर निकले

जिनको समझा था तुरुप का पत्ता
वक़्त पड़ने पे वो जोकर निकले

हमने बरसों जिन्हें पूजा 'आलोक'
देव मंदिर के वो पत्थर निकले

इक ज़रा सी चाह में जिस रोज़ बिक जाता हूँ मैं
आईने के सामने उस दिन नहीं आता हूँ मैं

रंजो-ग़म उससे छुपाता हूँ मैं अपने लाख पर
पढ़ ही लेता है वो चेहरा फिर भी झुठलाता हूँ मैं

क़र्ज़ क्या लाया मैं ख़ुशियाँ ज़िन्दगी से एक दिन
रोज़ करती है तक़ाज़ा और झुँझलाता हूँ मैं

हौसला तो देखिये मेरा ग़ज़ल की खोज में
अपने ही सीने में ख़ंजर सा उतर जाता हूँ मैं

दे सज़ाए मौत या फिर बख़्श दे तू ज़िन्दगी
कश्मकश से यार तेरी सख़्त घबराता हूँ मैं

मौन वो पढ़ता नहीं और शब्द भी सुनता नहीं
जो भी कहना चाहता हूँ कह नहीं पाता हूँ मैं

ख़्वाब सच करने चला था गाँव से मैं शह्र को
नींद भी खोकर यहाँ 'आलोक' पछताता हूँ मैं

बग़ावत के अलमबरदार सारे चुप हैं क्यों? बोलो
बने हैं जब से शह के यार सारे चुप हैं क्यों? बोलो

लुटाया टैक्स का धन हाकिमों ने इश्तिहारों पर
मगर जिनके लुटे घरबार सारे चुप हैं क्यों? बोलो

सदाये-हक़ हमारी दब गयी नक़्क़ारख़ानों में
जिन्हें समझे थे हम बेदार सारे चुप हैं क्यों? बोलो

ये किसका डर समाया है क़लमकारों, अदीबों में
वो दोहे और वो अशआर सारे चुप हैं क्यों? बोलो

कहाँ से आ रहे हो धार गिरवीं रख के तुम 'आलोक'
वो तेवर, तल्ख़ियाँ, तलवार सारे चुप हैं क्यों? बोलो

अलमबरदार : अगुआ; शह : राजा

ये रास्ते, ये नज़ारे, बहार का आलम
तेरे बग़ैर दिल-ए-बेक़रार का आलम

धड़क उठे है तेरा ज़िक्र भी अगर आए
ये मेरे दिल पे तेरे इख़्तियार का आलम

तुझे ख़याल भी आए न दूर जाने का
जो देख ले तू मेरे इंतज़ार का आलम

हसद न हो जो रक़ीबों के साथ भी देखूँ
तेरी वफ़ा पे मेरे ऐतबार का आलम

कभी तो आए रुलाने मुझे कोई 'आलोक'
कभी तो हो मेरे दिल में क़रार का आलम

हसद : ईर्ष्या; रक़ीबों : प्रतिद्वंद्वी

फ़ैसला मुमकिन है यूँ, मुंसिफ़ अगर आदिल न हो
क़त्ल तो होते रहें, साबित कोई क़ातिल न हो

मुश्किलें आसाँ न हों मेरी, तो मुझको ग़म नहीं
पर जो है आसाँ कम–अज़–कम वो तो अब मुश्किल न हो

दफ़्न हैं दफ़्तर की फ़ाइल में हज़ारों मसअले
ऐसा लगता है कि जैसे क़ब्र हो फ़ाइल न हो

ख़त्म होने को सफ़र है साथ छूटा जाए है
चाहता है दिल मेरा मंज़िल अभी हासिल न हो

इश्क़ है ऐसा सफ़र जिसकी कोई मंज़िल नहीं
यानि इक कश्ती कि जिसके वास्ते साहिल न हो

आदिल = न्यायप्रिय

चाँद से है, या है तुमसे चाँदनी?
चाँद था, पर थी न पहले चाँदनी

देर तक छत पे टहलता मैं रहूँ
और पहलू में हो मेरे चाँदनी

हाल क्या होगा तेरा ओ चन्द्रमा
जा रही हूँ, जो ये कह दे चाँदनी

रात भर आवारगी करती है क्यों
किसकी चाहत में है भटके चाँदनी

आग बरसाने को काफ़ी हैं पलाश
क्या ज़रूरी है कि निकले चाँदनी?

रात की दहलीज़ पे बैठा है दिन
बस ये ख़्वाहिश है कि आए चाँदनी

मुदावा रहने दे, कुछ दर्द रहने दे
मेरे रुख़ पर सितम की गर्द रहने दे

ये सुब्हो- शाम, ये दिन -रात सब तेरे
किसी को तो मेरा हमदर्द रहने दे

ख़िज़ाँ का भी ज़रा कुछ मान रख ले तू
चमन में चंद पत्ते ज़र्द रहने दे

कुरेदे ज़ख़्म क्यों तू चारागर मेरे
मेरे माज़ी पे थोड़ी गर्द रहने दे

अभी मत छीन अपने लम्स की गर्मी
यहाँ की रुत बड़ी है सर्द, रहने दे

तेरा इंसाफ़ भी है जुल्म से क्या कम
करम रहने दे, ऐ हमदर्द, रहने दे

खिलाड़ी तो बिलाशक हूँ बड़ा लेकिन
मुक़ाबिल जब है तू तो नर्द रहने दे

मुदावा-इलाज, लम्स-स्पर्श, ख़िज़ाँ-पतझर, चारागर-चिकित्सक
ज़र्द-पीले, रुख़-चेहरा, गर्द- धूल, माज़ी-अतीत नर्द: चौसर

हम ख़ुद ही अपने ग़म का सामान लिए फिरते हैं
प्यार दिलों में ज़हनों में मीज़ान लिए फिरते हैं

मैं जब तक उनको हासिल था इश्क़ नहीं था मुझसे
सुनते हैं वो अब मेरा अरमान लिए फिरते हैं

कुछ यादें कुछ अरमाँ जन्मों से हैं हमारे साथी
घर बदले हैं किन्तु वही सामान लिए फिरते हैं

आँसू, आहें, शिकवे, नाले और अना की किरचें
एक शिकस्ता रिश्ते के अरकान लिए फिरते हैं

सहरा-सहरा, बस्ती-बस्ती, गलियों-गलियों, मुझको
'आलोक' उसके होने के इमकान लिए फिरते हैं

ज़हनों : मस्तिष्क; मीज़ान : तराजू; नाले : आर्तनाद; अना : अहं;
शिकस्ता : टूटे; अरकान : हिस्से; इमकान : सम्भावना

नींद ले गया मेरी कोई ख़्वाब दे गया
वो मुझे हयात की इक किताब दे गया

बस उठा चला गया कुछ कहा सुना नहीं
इक सवाल वो मुझे लाजवाब दे गया

जिसका इंतज़ार था उसने वो कहा नहीं
गो की इक सवाल के सौ जवाब दे गया

फूल भी भला ये क्यों लग रहे हैं ख़ार से
कैसी ये ख़लिश मुझे इक गुलाब दे गया

इम्तिहाने-ज़िन्दगी सर करूँ तो किस तरह
वक़्त मुझको बेतुका सा निसाब दे गया

हयात : ज़िंदगी; गो : यद्यपि; ख़ार : कांटा; ख़लिश : चुभन;
निसाब : पाठ्यक्रम

इश्क़ का है ये तक़ाज़ा कि छुपाया जाए
दिल को ये शौक़ कि दुनिया को बताया जाए

हो न लैला को जो तौफ़ीक़े-बग़ावत या रब
तो किसी को यहां मजनूँ न बनाया जाए

इश्क़ वालों के सिवा किस ने ख़ुदा को पाया
हो कोई ऐसा तो फिर सामने लाया जाए

मौत जब दर पे खड़ी थी तो ये सोचा हमने
ज़िन्दगी का भी ज़रा साथ निभाया जाए

जब कोई ठौर नहीं उसके अलावा 'आलोक'
क्यों न फिर उसका हर इक नाज़ उठाया जाए

तौफ़ीक़े- बग़ावत : विद्रोह का साहस

इज़हार वो किया अब, था उम्र भर जो मुश्किल
तब ज़िंदगी थी भारी, है मौत अब तो मुश्किल

ये ज़िंदगी भी, मैं भी, दोनों हैं कश्मकश में
कहना है मुझको मुश्किल, सुनना है उसको मुश्किल

सुख और दुख तो कब का वनवास ले चुके हैं
तन्हा मैं रह गया हूँ, होती है मुझको मुश्किल

खो कर के दोस्तों को अक्सर ये कह के रोया
कोई तो लौट आए आसां हो कुछ तो मुश्किल

'आलोक' चारासाज़ी किस काम की है उसके
जिसने ख़ुद अपना जीवन जीना किया हो मुश्किल

चारासाज़ी : चिकित्सा विज्ञान

औरतों को आजकल हुशियार होना चाहिए
छोड़कर ग़फ़लत इन्हें बेदार होना चाहिए

काम की जिनके न जी. डी. पी. में गिनती हो कहीं
उनके हिस्से में भी इक इतवार होना चाहिए

मसअले जब औरतों के भी हैं ज़ेरे बहस तो
उनको भी संसद में साझीदार होना चाहिए

अपना हक़ पाने की ख़ातिर बेटियों के हाथ में
इक क़लम के साथ इक तलवार होना चाहिए

माँ, बहन, बेटी, सखी, रिश्ता कोई भी हो, न हो
औरतों को मान का हक़दार होना चाहिए

क्यों करें स्वीकार मर्दों के वो सारे फ़ैसले
औरतों को भी हक़-ए-इंकार होना चाहिए

मर्द से कमतर नहीं हैं औरतें 'आलोक' जी
उनको भी अब साहिबे-दस्तार होना चाहिए

ग़फ़लत-बेपरवाही; बेदार-सजग; जी.डी.पी.-सकल घरेलू उत्पाद;
दस्तार-पगड़ी

डाली है उसने कप में मेरे चाय ज़ियादा
कुछ देर ताकि वक़्त ठहर जाय ज़ियादा

मारे झिझक के हमसे कही जाय न दिल की
उनको भी आय शर्म मगर हाय ज़ियादा

जिसने सवाल उठाये सदा सामने सबके
उससे करो सवाल तो झुँझलाय ज़ियादा

करता है क्या कमाल ये नासेह भी ख़ुदाया
समझे न ख़ुद जो बात वो समझाय ज़ियादा

फ़नकार बेमिसाल है 'आलोक' ये सच है
फिर भी कभी कभी तो वो इतराय ज़ियादा

नासेह : उपदेशक

ये किसकी याद में गुम हो, अमाँ किसका तसव्वुर है
तुम्हारी मुस्कुराहट में निहाँ किसका तसव्वुर है

मेरे पहलू में होकर भी मुझे क्यों दूर लगते हो
बताओ तो हमारे दरमियाँ किसका तसव्वुर है

अकेले राह में बैठे हुए हो खोए खोए से
छुड़ाया जिसने तुमसे कारवाँ किसका तसव्वुर है

जिसे तू चाहता है वो तो ऐसा हो नहीं सकता
तो फिर ये तेरी ग़ज़लों से अयाँ किसका तसव्वुर है

ज़रा खुलकर कहो 'आलोक' ये हालात कब से हैं
और इन हालात के पीछे मियाँ किसका तसव्वुर है

तसव्वुर : कल्पना/ख़याल; निहाँ : छुपा; अयाँ : प्रकट

शबो-रोज़ पे मेरे छाया हुआ है
ये दफ़्तर जो मुझ में समाया हुआ है

उदासी ब-हर-हाल फ़बती है मुझपर
'कलर' ये मेरा आज़माया हुआ है

है क्यूँ इतना खारा बता, ए समन्दर
तू किस की नज़र से गिराया हुआ है

तुम्हारा नहीं है तो किसका है ये ग़म
जो सीने से मैंने लगाया हुआ है

जिन्हें है मेरी जुस्तजू वो कहाँ हैं?
कहो उनसे 'आलोक' आया हुआ है

शबो-रोज़ : रात दिन; जुस्तजू : तलाश

दर्द हम इससे ज़ियादा सह नहीं सकते
साथ रहकर दूर तुमसे रह नहीं सकते

हैं बहुत मजबूर ये अहले-सियासत भी
जानते हैं सब मगर सच कह नहीं सकते

तुमको दुनिया में अगर रिश्ते निभाने हैं
तुम हमेशा साथ सच के रह नहीं सकते

हमको आसानी बहुत अच्छी नहीं लगती
हम हवा के साथ हरगिज़ बह नहीं सकते

जब ठिकाना ही न हो उसके सिवा कोई
तो सितमगर को सितमगर कह नहीं सकते

अहले-सियासत : राजनीतिज्ञ

बताऊँ किसे मैं कि क्या चाहिए
मेरी हसरतों को ख़ुदा चाहिए

मेरे आँसुओं साथ दो तुम मेरा
मुझे साफ दिल की रिदा चाहिए

ये कह कर चले सब हकीमो -तबीब
इसे लम्स इक जाँ-फ़ज़ा चाहिए

रहे मुंतज़िर कोई कब तक भला
बहुत हो चुका अब उठा चाहिए

यक़ीं जबसे टूटा यक़ीं हो गया
कि मन को भरम की ग़िज़ा चाहिए

ये माना कि है इश्क़ शै इक बुरी
जो हो जाए तो फिर किया चाहिए

मेरा हाफ़िज़ा ठीक रहता नहीं
तुम्हें साथ मेरे रहा चाहिए

रिदा : चादर; लम्स : स्पर्श; हकीमो-तबीब : डॉक्टर; जाँ-फ़ज़ा : ज़िंदगी बढ़ाने वाला; मुंतज़िर : प्रतीक्षारत; ग़िज़ा : भोजन; हाफ़िज़ा : स्मरणशक्ति

मेरे दिल की कौन कहेगा? छोड़ो भी,
दीवाने की कौन सुनेगा? छोड़ो भी,

जिसके झूठ पे बलिहारी जाते हो तुम,
वो तुमसे क्या सच बोलेगा? छोड़ो भी,

गिरगिट रंग बदलने में माहिर है पर
इन्सानों से जीत सकेगा? छोड़ो भी,

तुमने उसकी बात सुनी और मान भी ली,
अब वो तुम्हारी बात सुनेगा? छोड़ो भी,

सच सुनने की ज़िद छोड़ो, रहने भी दो,
तुमको इक इक लफ़्ज़ चुभेगा, छोड़ो भी,

धोखा देकर वोट लिया और जीत गया,
अब वो तुम्हारा काम करेगा? छोड़ो भी,

तुमसे दूर चला तो जाऊँ मैं लेकिन,
कौन तुम्हारा ध्यान रखेगा? छोड़ो भी।

उठा लाता है दिल अक्सर कोई तस्वीर माज़ी की
सुकूँ देती है मेरे क़ल्ब को कुछ पीर माज़ी की

बदन से तो उतार आया मगर मन से नहीं उतरी
कभी उड़ने नहीं देती मुझे ज़ंजीर माज़ी की

मेरी तक़दीर पे जो रश्क़ करते हैं वो क्या जानें
है मेरे हाल के पीछे कोई तदबीर माज़ी की

छुअन उसकी, बदन मेरा, कहन उसकी, दहन मेरा
यही हैं अब तो मेरे वास्ते जागीर माज़ी की

रहा करता हूँ मैं 'आलोक' अक्सर हड़बड़ाहट में
मुझे बेचैन रखती है कोई ताख़ीर माज़ी की

माज़ी : अतीत
क़ल्ब : अन्तर्मन / दिल
दहन : मुख
ताख़ीर : देरी / विलम्ब
रश्क़ : ईर्ष्या

उसे उज्लत थी, जाना था, नहीं देखा
घड़ी देखी मेरा चेहरा नहीं देखा

न जाने कितने चेहरे देख आया था
जो कहता है कोई तुझ सा नहीं देखा

पलक झपका के हँसता है मेरा क़ातिल
कोई नादिम कहीं ऐसा नहीं देखा

मेरे हालात क्या जानो कि तुमने तो
किसी पे दिल का आ जाना नहीं देखा

सितारों में उलझ कर रह गईं नज़रें
मेरे पहलू में चंदा था नहीं देखा

उज्लत : जल्दबाज़ी; नादिम : लज्जित

दिन दहकते हैं ये आतिशदान से
रातें महकें दर्द के लोबान से

शाम का वादा है लेकिन सुब्ह भी
ख़ुशनुमा है वस्ल के इमकान से

दोपहर कटती नहीं हम क्या करें
धूप जाती ही नहीं दालान से

मौजें आख़िर माँद क्यों पड़ने लगीं
आपने क्या कह दिया तूफ़ान से

क्या नया सा लग रहा हूँ तुम को मैं
देख कर मुझको, हो क्यूँ हैरान से

आतिशदान : अंगीठी; वस्ल : मिलन; इमकान : संभावना : दालान : आँगन

तुम काम से आए हो तो फिर काम बताओ
बेकार ख़ुशामद में न यूँ वक़्त गँवाओ

तुम भी तो इसी शह्‌र में रहते हो न यारो
तुम तो न हवाओं में यहाँ ज़हर मिलाओ

मैं राह में बैठा हूँ न पत्थर हूँ न दीवार
ठोकर से न इस तरह मेरी ख़ाक उड़ाओ

मुंसिफ़ को भी यारो कभी फ़रियादी बनाकर
फ़रियादी की तक़लीफ़ का एहसास कराओ

हाकिम को है अधिकार वो बोले कि न बोले
हर प्रश्न के उत्तर की न उम्मीद लगाओ

सियासी राह में अंदेशा-ए-लग़्ज़िश बहुत है,
तुझे बर्बाद करने को तेरी ख़्वाहिश बहुत है

अदाकारी, रियाकारी, .फ़रेबो मक्र सीखो
सियासत में इन्हीं औसाफ़ से पुरसिश बहुत है

ये दिल्ली है दलालों की यहाँ सब काम होंगे
तुम्हारी जेब हो भारी तो आसाइश बहुत है

कभी जो पूछ लेते हो हमारा हाल हमसे
तुम्हारे दिल में ये थोड़ी सी गुंजाइश बहुत है

कहूँ कुछ शेर ऐसे जो उतर जाएँ दिलों में
मेरे मौला मुझे इतनी तेरी बख़्शिश बहुत है

अंदेशा-ए-लग्ज़िश : फिसलन की संभावना;
रियाकारी : पाखण्ड; फ़रेबो-मक्र : फरेब और मक्कारी;
औसाफ़ : गुण; पुरसिश : इज़्ज़त/ पूछ ताछ ;
आसाइश : सुविधा

मुबारक हो तुमको नया साल यारो
मिलाओ नए वक़्त से ताल यारो

कहीं कुछ है बेहतर कहीं कुछ है बदतर
कोई ख़ुश तो है कोई बेहाल यारो

जुड़ी और इक याद एल्बम में मेरी
घटा उम्र से और इक साल यारो

अभी तो है जोशे-जुनूँ तुम पे तारी
अभी तुम मनाओ नया साल यारो

कलैंडर ही बदला कि क़िस्मत भी बदली
दिसंबर में पूछेंगे फिर हाल यारो

लाऊँ मैं कहाँ से भला अंदाज़े-बयां और
मुंसिफ़ की ज़ुबां और है और मेरी ज़ुबां और

ये दर्द समझता नहीं आदाबे-ज़माना
कोशिश हो छुपाने की तो होता है अयां और

क़िस्मत का लिखा मान ले थोड़े से ज़ियां को
जाएगा अदालत में तो पाएगा ज़ियां और

तफ़सील बयां करता है क्यों अपने अमल की
इस तरह तो हर शख़्स पे गुज़रेगा गुमाँ और

मंज़िल पे पहुँच कर न हुआ दिल जो मेरा ख़ुश
पूछी जो वजह उसने कहा और अमां और

तुमसे भी कहाँ मुझको समाअत की तवक़्क़ो
मुझमें भी कहाँ बाक़ी है अब ताबे-फ़ुगाँ और

ये ज़ुल्म के शोले हैं फ़क़त ख़ूँ से बुझेंगे
अश्कों से बुझाओगे तो उट्ठेगा धुआँ और

आदाबे-ज़माना : ज़माने के तौर तरीक़े; अयां : प्रकट; ज़ियां : घाटा
तफ़सील : विस्तार; अमल : काम / एक्शन; समाअत : सुनवाई; तवक़्क़ो : आशा;
ताबे-फ़ुगाँ : फरियाद की ताक़त

ज़हर क्या है? सिर्फ़ चीज़ों की ग़लत मिक़्दार है
और इन्हीं चीज़ों में शामिल तेरा मेरा प्यार है

वक़्त को मैंने किया बर्बाद, मुझ को वक़्त ने
मैं भी अब बीमार हूँ और वक़्त भी बीमार है

फिर वही भूला हुआ मंज़र है मेरे सामने
फिर वही बेचारगी है, फिर वही आज़ार है

रौंद कर जो मेरे अरमानों को हँसता था कभी
उसको ख़ुशफ़हमी है उससे अब भी मुझको प्यार है

जिस को छोड़ आया मैं तेरा साथ पाने के लिए
फिर वही याद आए तो ये साथ भी बेकार है

वो भी है इस सोच में फिर बात हो कैसे शुरू
इक बहाना सिर्फ़ मुझको ही नहीं दरकार है

आपके चेहरे पे है 'आलोक' जो इक नूर सा
कुछ नहीं ये सिर्फ़ कैफ़े-इंतिज़ारे-यार है

मिक़्दार : मात्रा / कैफ़े-इंतिज़ारे-यार : यार के इंतज़ार की ख़ुशी

काम जब उल्टे करेंगे
प्रश्न लाज़िम हैं उठेंगे

झूठ दोनों बोलते हैं
सामना कैसे करेंगे

आप कुछ भी पूछ लीजे
वो अनर्गल ही बकेंगे

हो चुके बर्बाद काफ़ी
और कब तक ये लड़ेंगे

बेबसी में दर्द ग़ुस्सा
अश्क की सूरत बहेंगे

चाहें जो अंजाम हो अब
बात हम कह कर रहेंगे

क्या मेरे रहबर भी कोई
अपने सर इल्ज़ाम लेंगे

कुछ सबक़ माज़ी से लेकर
आप कब आगे बढ़ेंगे

वक़्त के ये सूरमा कल
अपने सायों से डरेंगे

रक़ीब इश्क़ की लज़्ज़त बढ़ाते रहते हैं
सो उनके नाज़ भी हम तो उठाते रहते हैं

हैं एक आप कि नज़रें चुराते रहते हैं
और एक हम हैं कि पलकें बिछाते रहते हैं

हमीं से रौनक़ें सारे जहाँ में हैं क़ायम
हमीं तो हैं जो यहाँ आते जाते रहते हैं

है दिल-फ़रेब ये दुनिया बहक न जाएँ हम
संभाल हम को कि हम लड़खड़ाते रहते हैं

वो जिन को देख के आ जाता था सुकून हमें
वो हम पे हँस के हमीं को जलाते रहते हैं

है एहतराम मेरे दिल में दोस्तों का बहुत
वही तो हैं जो मुझे आज़माते रहते हैं

बहारों के नए मौसम बुलाते रह गए
नज़र में तू रहा हम जाते जाते रह गए

दीवाना एक दिल की बात कह कर चल दिया
मोहज़्ज़ब लोग सारे कसमसाते रह गए

किसी ने हाल पूछा था बस इतनी बात थी
मेरी आँखों में आँसू आते आते रह गए

बहुत चर्चे थे जिस दर की सख़ावत के यहाँ
वो औरों पर खुला हम सर झुकाते रह गए

वो पहले मुस्कुराए फिर लिया पहलू बदल
हमीं नादान थे बस मुस्कुराते रह गए

मोहज़्ज़ब : सभ्य; सख़ावत : दयालुता

नदी की प्यास में कुछ अब्र-पारे रह गए
किसी की आँख में टूटे सितारे रह गए

क़सीदे शान में उनकी पढ़ूँगा इस दफ़ा
ये सोचा था मगर कम इस्तियारे रह गए

किसी के हो नहीं पाये तुम्हारे बाद हम
तुम्हारे हो चुके थे सो तुम्हारे रह गए

तुम्हें ऐसा न करना था यहाँ आना न था
लिए अपना सा मुँह सब माह-पारे रह गए

मुसीबत हम पे आई तो जहां ने साथ छोड़ा
हमारे साथ बस अब तो हमारे रह गए

सफाई घर की कितनी बार करके देख ली
तेरी यादों के फिर भी नक़्श सारे रह गए

अब्र-पारे : बादल के टुकड़े; इस्तियारे : उपमा; क़सीदा : प्रशंसाकाव्य
माह-पारे : चाँद के टुकड़े / हसीन चेहरे; नक़्श : चिह्न

हिसारे-आशिक़ी में वज्द की हालत में रहता हूँ
बहारें मुझमें ख़ेमा-ज़न हैं मैं राहत में रहता हूँ

कभी मसरूफ़ था मैं आजकल फ़ुरसत में रहता हूँ
अकेला हूँ सो अपनी ज़ात की वुसअत में रहता हूँ

जो तूने आग बख़्शी है उसी में जल रहा हूँ मैं
है तेरे कुर्ब की चाहत इसी चाहत में रहता हूँ

न कुछ पाने की हसरत है न कुछ खोने का ख़तरा है
बहुत बे-ख़ौफ़ होकर मैं तेरी सोहबत में रहता हूँ

निकल आया हूँ मैं 'आलोक' दुनिया के झमेलों से
नई बेदारियाँ हैं फ़िक्र की जन्नत में रहता हूँ

हिसारे-आशिक़ी : प्रेम का घेरा; वज्द : मस्ती; ख़ेमा-ज़न : डेरा डाले
ज़ात : अन्तःकरण; वुसअत : विस्तार; कुर्ब : निकटता; बेदारियाँ : जागृति

यही होगा कोई तुझ सा शरीके-ग़म नहीं होगा
सिवा इसके तेरे जाने से कुछ भी कम नहीं होगा

हमारी फ़िक्र छोड़ो तुम को जाना है चले जाओ
हमारा दर्द अब इससे ज़ियादा कम नहीं होगा

मेरे सीने में तेरी याद के सूरज चमकते हैं
ये नूरे-जाविदां जानां कभी मद्धम नहीं होगा

तुम्हारे बाद छाएगी घटा भी गुल भी महकेंगे
हर इक रूत आएगी पर वस्ल का मौसम नहीं होगा

तेरी हर बात मानें हम तेरे नखरे उठाएँ हम
कभी ये हो भी सकता है मगर हरदम नहीं होगा

नहीं समझेगा अब ये दिल तुम्हारी अक़्ल की बातें
तुम्हारा मशवरा अब ज़ख़्म का मरहम नहीं होगा

मुहब्बत क्या करेगा वो जिसे दौलत से रग़बत है
किसी के आंसुओं से उसका दमन नम नहीं होगा

नूरे-जाविदां : अनश्वर प्रकाश ; वस्ल : मिलन
रग़बत : दिलचस्पी

जज़्ब-ए-इश्क़-ओ-वफ़ा में रंग भरती है बहुत
सादगी में शख़्सियत उसकी निखरती है बहुत

नाज़ से अंदाज़ से जब तू सँवरती है बहुत
मुझ में फिर मौजे-तरन्नुम रक़्स करती है बहुत

पीर तन की कह भी दे पर मन की कुछ कहती नहीं
उसकी ये आदत गिरां मुझ पर गुज़रती है बहुत

ज़िंदगी से जाने वाले, अब कहानी में मेरी
आपकी मौजूदगी मुझ को अखरती है बहुत

रंज होता है किसी को ख़ुश भी होता है कोई
जब मेरे अशआर की ख़ुशबू बिखरती है बहुत

जज़्ब-ए-इश्क़-ओ-वफ़ा : प्रेम एवं वफ़ादारी की भावना;
मौजे-तरन्नुम : संगीत लहरी ; रक़्स : नृत्य ; गिरां : भारी

तुम्हें लगते हैं मंज़र ख़ूबसूरत किस नज़र से
उधर से देखने वालो ज़रा देखो इधर से

अना का बोझ हल्का कर ज़रा तू अपने सर से
तेरे चेहरे पे लाली है मेरे ख़ूने-जिगर से

बुजुर्गों ने कहा था दुख तो हम को माँजता है
तभी तो मैं उसे जाने नहीं देता हूँ घर से

सहर तक शान से रहना था रौशन जिस दिये को
वो मद्धम हो गया है रात के पिछले पहर से

अगर बहरों की बस्ती में हैं तो क्या चुप रहें हम
चलो दोनों सदा दें, हम इधर से तुम उधर से

मेरा राम है तू रहीम है
तू अज़ल से दिल में मुक़ीम है

मुझे क्या ग़रज़ है जहां से अब
मेरा श्याम है तू नदीम है

तेरे हाथ में मेरी नब्ज़ है
तू ही दे दवा तू हकीम है

तेरी रहमतों का हिसाब क्या
तू ही शिव है मेरा करीम है

तू यहाँ भी है तू वहाँ भी है
तू अनंत है तू असीम है

रहीम : दयालु; अज़ल : आदि काल; मुक़ीम : निवासी ;
ग़रज़ : प्रयोजन; नदीम : सखा; करीम : कृपालु / ईश्वर

नहीं हैं सब हमारे यार झूठे
यही होंगे कोई दो चार झूठे

उठा कर हाथ में गंगाजली को
क़सम खाते रहे हर बार झूठे

जो बातों के बताशे फोड़ते हैं
वो होते हैं उमूमन यार झूठे

हवस को अपनी कहते हैं मुहब्बत
हैं सारे आपके बीमार झूठे

ख़बर ज़ख़्मी इधर थी काग़ज़ों पर
उधर छपते रहे अख़बार झूठे

दलीलें सब हुईं नाकाम उनकी
हुए साबित वो आख़िरकार झूठे

निभा पाए न हम बस एक वादा
मगर समझे गए हर बार झूठे

उसे मिलता भला इंसाफ़ कैसे
गवाही दे रहे थे चार झूठे

लम्हे जो बिछड़े थे अपने लश्कर से
मुझ में रक़्साँ रहते हैं वो कलंदर से

राहें और बना लीं मुझ तक आने की
उसने रिश्ते गाँठ के मेरे घर भर से

तब तक मेरे दिल से जी भर खेलो तुम
जब तक आयें चाँद सितारे अम्बर से

जाने किन आँखों को तरसा करते हैं
सपने कुछ लगते हैं मुझको बेघर से

दिल में रहने वाला मुझसे कहता है
तुम कुछ हो और कुछ दिखते हो बाहर से

अक्सर जेब से कुछ अरमां गिर जाते हैं
यह उम्मीद नहीं थी उस बख़ियागर से

रक़्साँ : नाचते ; बख़ियागर : दर्जी

दिल को अपने न मार के रक्खो
बोझ सारे उतार के रक्खो

ज़िंदगी क्या तुम्हारे क़ाबिल है
जिसको इतना संवार के रक्खो

उसकी झोली में कुछ बचा ही नहीं
तुम न दामन पसार के रक्खो

गर हो सरकार के मुलाज़िम तुम
सर को अपने उतार के रक्खो

तुम न झाँको पड़ोसियों के घर
अपना आँगन बुहार के रक्खो

इस मिलावट के दौर में 'आलोक'
अच्छे रिश्ते निथार के रक्खो

नहीं मैं मुब्तिला तुझ में नहीं जानाँ
न तेरा मोल कुछ मेरे तईं जानाँ

अगर मैं चाय की लत छोड़ सकता हूँ
तुम्हारी चाह फिर कुछ भी नहीं जानाँ

वही हर बार की 'सॉरी' वही क़समें
न रत्ती भर मुझे तेरा यक़ीं जानाँ

भरा दाग़ो से कुछ दामन है मेरा भी
है तू भी कुछ ज़ियादा नुक्ता -चीं जानाँ

नज़ारे सब तेरी इक दीद पर वारूँ
नहीं ऐसा भी तू कुछ दिल-नशीं जानाँ

मुब्तिला : ग्रस्त ; नुक्ता-चीं : ऐब ढूँढने वाला; दीद : दृश्य; दिल-नशीं : आकर्षक

मंज़र हमें यहाँ कोई अच्छा नहीं लगा
इनमें कोई भी रंग तुम्हारा नहीं लगा

जब तक कि इस सफ़र में मेरे हमक़दम थे तुम
ये इश्क़ मुझको आग का दरिया नहीं लगा

जिस दिन से तुम चले गए रिश्ते समेट कर
उस दिन से गाँव में कोई मेला नहीं लगा

कुछ शेर सारी उम्र मुकम्मल नहीं हुए
सानी के जैसा मिसरा- ए-ऊला नहीं लगा

मेरी नज़र पड़ी है 'रियर-व्यू-मिरर' पे जब
जितना तू दूर था मुझे उतना नहीं लगा

दामन पे जो लहू है मेरी ख़्वाहिशों का है
किरदार पे मेरे कभी धब्बा नहीं लगा

लोगों ने रहनुमाओं की तक़रीर क्या सुनी
साया भी अपना फिर उन्हें अपना नहीं लगा

मंज़र : दृश्य ; मुकम्मल : सम्पूर्ण ; सानी : दूसरा ; मिसरा- ए-ऊला : शेर की पहली पंक्ति
किरदार : चरित्र ; रहनुमाओं : नेताओं; तक़रीर : भाषण

बेचैनियों में कोई इज़ाफ़ा नहीं हुआ
बीमार आपका अभी अच्छा नहीं हुआ

इक मूर्ति को दिल में बसाये हुए हैं हम
लेकिन ये बदनसीब शिवाला नहीं हुआ

कुछ मसअले ज़मीन के सुलझा रहे हैं हम
मुद्दत से आसमान पे जाना नहीं हुआ

काली सियाह रात की मजबूरियाँ न पूछ
बीमार जुगनुओं से उजाला नहीं हुआ

दिल तोड़कर भी तू मेरे दिल से गया नहीं
कुछ फ़ायदे का ये तेरे सौदा नहीं हुआ

दो चार बार उसने बहाने बनाए तो
मेरा भी उससे फिर कभी मिलना नहीं हुआ

दिल में अलाव जलता रहा मेरे रात भर
रौशन किसी ख़याल का चेहरा नहीं हुआ

उसने कहा तो था कि न जाएगा छोड़ कर
लेकिन वफ़ा फिर उस से ये वादा नहीं हुआ

सब मुब्तिला थे ऐसे ग़म-ए-रोज़गार में
टूटे जो दिल तो कोई तमाशा नहीं हुआ

इज़ाफ़ा : बढ़ोत्तरी; मुब्तिला : ग्रस्त; ग़म-ए-रोज़गार : रोज़गार की फिक्र

हाथों में हाथ देकर अपना हकीम जी को
बेबस से देखते हैं हम उनकी बेबसी को

इस घर की सारी ख़ुशियाँ रखकर कहाँ गईं तुम
ढूँढें हैं मिल के सारे, मिलती नहीं किसी को

ख़्वाबों से खेलती हैं गूँगी पहेलियाँ जब
आती है तब उबासी यादों की चाँदनी को

जब जब भी हमको घेरें साए उदासियों के
हम बदहवास होकर आवाज़ दें तुझी को

तन्हाइयाँ जला दीं शब के अलाव में सब
यादों को करके यकजा बहला रहें हैं जी को

यकजा–एक जगह

कभी हमदर्द बनते हैं कभी बेज़ार होते हैं
शनासाओं के भी यारो, कई किरदार होते हैं

खुले दुश्मन को आसानी से हम पहचान भी लें पर
यहां तो दोस्तों के भेष में अय्यार होते हैं

सुकूने-दिल की फिर दिन भर कोई उम्मीद कैसे हो
मैं जब उठता हूँ सोकर सामने अख़बार होते हैं

ये अक्सर हमने देखा है हवा चुप साध लेती है
नज़र में सरफिरी आँधी के जब आसार होते हैं

कभी कमज़र्फ़ से तो दुश्मनी भी हम नहीं करते
हमारी दुश्मनी के भी अलग मेयार होते हैं

हमारे दिल में छुप कर बैठ जाते हैं कई मौसम
सफ़र के वास्ते हम जब कभी तैयार होते हैं

बेज़ार : लापरवाह/विमुख
शनासा : परिचित/दोस्त
किरदार : भूमिका/चरित्र
अय्यार : धूर्त; कमज़र्फ़—ओछा
मेयार : स्तर

आँखें बंद करूँ तो मन का राज़ खुले
और ख़ामोशी ओढ़ूँ तो आवाज़ खुले

धुंध छटे तो कुछ रौशन हों ज़हनो-दिल
पिंजरा टूटे तो अपनी परवाज़ खुले

फिर ऐसा हो तुझ में फ़ना हो जाऊँ मैं
फिर मेरे अंजाम से एक आग़ाज़ खुले

मिट्टी ने जब ख़ुद को ढीला छोड़ दिया
कूज़ागर के तब सारे अंदाज़ खुले

दीप बुझे तो फ़िक्र का सूरज जाग उठा
दर्द थमा तो मुझ पर मेरे राज़ खुले

ज़ह्नो-दिल : मस्तिष्क एवं हृदय
फ़ना : मिटना
अजांम : परिणाम/अंत
आग़ाज़ : आरम्भ
कूज़ागर : कुम्हार

रात बिस्तर पे तिलमिलाती है
चाँदनी कहकहे लगाती है।

बुझता जाता है ज़िंदगी का चिराग़
रौशनी फिर भी बढ़ती जाती है

रात खामोश आहटें खामोश
कोई परछाई गुनगुनाती है

पत्थरों की नदी में बह जाएं
रोज़ ये बात दिल में आती है

कुछ मसाइल को ताक़ पर रखकर
ज़िंदगी दुश्मनी निभाती है

टिमटिमाते हुए सितारों से
रात रिश्ते नए बनाती है

एक अजब फ़लसफ़ा है ये 'आलोक'
मौत आकर कफ़न उढ़ाती है

मसाइल : समस्याओं
फ़लसफ़ा : दर्शन (फ़िलॉसफ़ी)

आग बरसा गया है इक बादल
जल गया है हरा भरा जंगल

कैसे हालात हैं ज़माने के
जिस तरफ़ देखिए उधर दलदल

ये जो दुनिया है क़ैदख़ाना है
भाग कर जाएगा कहां, पागल

आईना जब से मौत का देखा
ज़िंदगी का निकल गया कस-बल

मुद्दतों से ज़मीन प्यासी थी
एक आँसू ने कर दिया जल-थल

जिस ने इंसां बना दिया मुझको
वह मेरे शहर का था गंगाजल

उम्र भर दौड़ता रहा 'आलोक'
अक़्ल कहती रही कि धीरे चल

कस-बल : दम

मैं अपने घर में क्या-क्या देखता हूँ
उजालों में अंधेरा देखता हूँ

बहुत दिलकश नज़ारा देखता हूँ
हर इक लम्हे को उड़ता देखता हूँ

अजब बदलाव आया ज़िंदगी में
हर इक मंज़र बदलता देखता हूँ

मुझे क़ुदरत ने बख़्शी है नज़र वो
ज़माने से अलहदा देखता हूँ

शबे-फ़ुरक़त तुम्हारा नाम लेकर
मुझे किसने पुकारा, देखता हूँ

अभी फ़ुर्सत नहीं कुछ और देखूं
अभी रस्ता तुम्हारा देखता हूँ

ग़ज़ल में आपकी 'आलोक यादव'
मैं लफ़्ज़ों को मचलता देखता हूँ

शबे-फुरक़त : वियोग की रात

मौन के ये आवरण मुझको बचा ले जाएंगे
वरना बातों के कई मतलब निकाले जाएंगे

राजनैतिक व्याकरण तुम सीख लो पहले ज़रा
वरना फिर अख़बार में फ़िक़रे उछाले जाएंगे

जानते हैं रहनुमा देंगे हमे कैसा जवाब
आज के सारे मसाइल कल पे टाले जाएंगे

अब अँधेरों की हुकूमत हो चली है हर तरफ़
अब अँधेरों की अदालत में उजाले जाएंगे

शह्र से हाकिम के हरकारे जो आए गाँव में
जाने किसके छीनकर मुँह के निवाले जाएंगे

कब तलक भरते रहें दम दोस्ती का आपकी
आस्तीनों में न हमसे साँप पाले जाएंगे

दर्दे-दिल जो मौत से पहले गया तो दर्द क्या
तेरी थाती को हमेशा हम सँभाले जाएंगे

प्यार का दोनों पे आख़िर जुर्म साबित हो गया
ये फ़रिश्ते आज जन्नत से निकाले जाएंगे

अश्क ज़ाया हो न पाएं सौंप दो तुम सब हमें
दिल है अपना सीप सा मोती बना ले जाएंगे

तुम अगर हो दीप तो 'आलोक' लासानी हैं हम
हम तुम्हारे बाद भी महफ़िल सजा ले जाएंगे

फिर आने का वादा करके पतझर में
हाथ छुड़ाकर चला गया वो पल भर में

सपने जिसके तुम मुझको दिखलाते थे
आँखें अब तक ठहरी हैं उस मंज़र में

मन में मेरे अब तक आशा है बाक़ी
थोड़ी जान बची है अब तक पिंजर में

इतने आँसू कहाँ कि तन की प्यास बुझाऊँ
फूल खिलाऊँ कैसे मन के बंजर में

छुअन मख़मली, स्वप्न सलोने, बातें सब
अब तक लिपटे वहीं पड़े हैं चादर में

दूर निगाहों की सीमा से हो फिर भी
आँखें तुमको ढूँढती रहती हैं घर में

नैन लगे हैं अब तक मेरे राहों पर
आ जाओ, आ भी जाओ, अपने घर में

आदि काल से सभी मनीषी सोच में हैं
कितने भेद छुपे हैं ढाई आखर में

मन में कुछ –कुछ चुभता रहता है 'आलोक'
थोड़ी सिलवट छूट गई है अस्तर में

अब न रावण की कृपा का भार ढोना चाहता हूँ
आ भी जाओ राम मैं मारीच होना चाहता हूँ

थक चुका हूँ, और कब तक ये दुआ करता रहूँ मैं
एक काँधा कर अता मौला कि रोना चाहता हूँ

तुम कि पंछी हो उड़ो आकाश में जिस ओर चाहो
कब तुम्हारी राह की दीवार होना चाहता हूँ

है हक़ीक़त से तुम्हारी आशनाई ख़ूब लेकिन
मैं तुम्हारी आँख में कुछ ख़्वाब बोना चाहता हूँ

आशिक़ों के आँसुओं से था जो तर दामन ग़ज़ल का
अश्क से मज़लूम के उसको भिगोना चाहता हूँ

जिनके हाथों में किताबों की जगह औज़ार देखे
उनकी आँखों में कोई सपना सलोना चाहता हूँ

है क़लम तलवार से भी तेज़तर 'आलोक' तो फिर
मैं किसी मजबूर की शमशीर होना चाहता हूँ

आशनाई : परिचय; मज़लूम : जिस पर ज़ुल्म हुआ हो;
शमशीर : तलवार

वो काशी को क्योटो बनाएंगे कैसे
स्वभावों का अन्तर मिटाएंगे कैसे

जहाँ के निवासी हों तम के उपासक
दिये उस जगह वो जलाएंगे कैसे

जड़ें चाहतीं हैं ठहरने को मिट्टी
हथेली पे सरसों उगाएंगे कैसे

हो विधि-भंजना जिनकी आदत में शामिल
सदाचार उनको सिखाएंगे कैसे

अगर आँख वाले भी मूँदे हों आँखें
उन्हें आप दर्पण दिखाएंगे कैसे

जो फूलों की रक्षा का दायित्व लेंगे
वो काँटों से दामन बचाएंगे कैसे

ग़ज़ल का हुनर जो न 'आलोक' सीखा
तो गागर में सागर समाएंगे कैसे

पढ़ रहा हूँ वेदना का व्याकरण मैं
हूँ समर में आज भी हर एक क्षण मैं

सभ्यता के नाम पर ओढ़े गए जो
नोच फेकूँ वो मुखौटे, आवरण मैं

रच रहा हूँ आज मैं कोई ग़ज़ल फिर
खोल बाँहें कर रहा हूँ दुःख ग्रहण मैं

ये निरंतर रतजगे, चिंतन, ये लेखन
कर रहा हूँ अपनी ही वय का क्षरण मैं

पीछे-पीछे अनगिनत हिंसक शिकारी
प्राण लेकर भागता सहमा हिरण मैं

शक्ति का हूँ पुंज, एटम बम सरीखा
देखने में लग रहा हूँ एक कण मैं

है मेरी पहचान, है अस्तित्व मेरा
कर नहीं सकता किसी का परिक्रमण मैं

ब्रह्म का वरदान हूँ, नूरे-ख़ुदा हूँ
व्योम का हूँ तत्त्व, धरती का लवण मैं

एक मुस्कान से वो रिश्ते बना लेता है
ये मेरा दिल भी कई क़िस्से बना लेता है

पास रहकर भी कोई अपना नहीं हो पाता
दूर रहकर भी कोई सबसे बना लेता है

बात करने का सलीक़ा कोई सीखे उससे
बातों बातों में कई लहजे बना लेता है

डालकर आँखों में आँखें मेरा हमसाया भी
दिल की राहों के कई नक़्शे बना लेता है

नज़रें जितनी भी चुराओ बचो जितना 'आलोक'
वो तो ख़ुशबू की तरह रास्ते बना लेता है

मुंतख़ब अशआर

1.

अभी कम हैं तसादुम क्या कि 'आलोक'
नया मज़हब बनाना चाहता है

2.

नई नस्लों के हाथों में भी ताबिंदा रहेगा
मैं मिल जाऊँगा मिट्टी में क़लम ज़िंदा रहेगा

3.

बना कर पाँव की बेड़ी को घुंघरू ज़िंदगानी
करेगी रक़्स जब तक दर्द साज़िंदा रहेगा

4.

हर एक ज़ेहन में सारा हिसाब रहता है
सवाल सुनने से पहले जवाब रहता है

5.

मेरे लिए हैं मुसीबत ये आईनाख़ाने
यहाँ ज़मीर मेरा बेनक़ाब रहता है

6.
हसीन ख़्वाब हों कितने ही पर कोई 'आलोक'
तमाम उम्र कहाँ महवे-ख़्वाब रहता है

7.
ज़माना 'ब्रांडिंग' का है, ज़रा सँवरो, अदा सीखो
बग़ैर इन्सानियत के फिर भी आराइश अधूरी है

8.
मेरे लब सी दिए उसने क़लम है फिर भी हाथों में
ये हाकिम से कहो जाकर, तेरी बंदिश अधूरी है

9.
हदे-इमकान से आगे मैं जाना चाहता हूँ पर
अभी ईमान आधा है, अभी लग़्ज़िश अधूरी है

10.
सब देखने वालों की निगाहों में जलन है
वो मुझसे जो नज़रें न हटाएँ तो करूँ क्या?

11.
फूल से जिस्म, बोझ बस्तों का
क्या है तालीम, तरबियत क्या है?

12.

रात दिन बस उसी का ध्यान 'आलोक'
है मुहब्बत कि उन्सियत, क्या है?

13.

सूनी-सूनी सहर के ग़म 'आलोक'
शाम को भी निढाल रखते हैं

14.

ख़ुश ख़रीदार बहुत लगता है
कोई बेमोल बिका हो जैसे

15.

अजनबी मैं हूँ मगर लगता है
शह्र में तू भी नया हो जैसे

16.

यूँ निभाता हूँ मैं रिश्ते 'आलोक'
बेगुनाही की सज़ा हो जैसे

17.

तारीख़ पे तारीख़ बदल दे न गवाही
मुंसिफ़ ही अदालत का बदल जाए तो अच्छा

18.
खुल जाएगा सब इसके हर इक शे'र में क्या है
लोगों में न ये मेरी ग़ज़ल जाए तो अच्छा

19.
वाइज़ सफ़र तो मेरा भी था रूह की तरफ़
पर क्या करूँ कि राह में ये जिस्म आ पड़ा

20.
पीछे-पीछे अनगिनत हिंसक शिकारी
प्राण लेकर भागता सहमा हिरण मैं

21.
वो पत्र अब भी पास है
मुड़ा-तुड़ा, कटा-फटा

22.
किसी से रूठ गए या किसी का दिल तोड़ा
जबीं पे आ गया क्यों आपकी अरक़ फिर से

23.
प्रीतनगरी में आने से पहले ज़रा
सोच ले दर्द कुल देवता है यहाँ

24.
मुझे चैन लेने देती कहाँ इंक़लाबी फ़ितरत
न मुसाहिबों में होता, न मैं शह का यार होता

25.
मैं उसी के नाम करता ये हयात–मौत सब कुछ
मुझे ज़िंदगी पे 'आलोक' अगर इख़्तियार होता

26.
ये सोचा नहीं मैं तो ख़ुद मसअला हूँ
ज़माने की उलझन मिटाने चला हूँ

27.
जो सिमटूँ तो बन जाऊँ दिल का सुकूँ मैं
जो बिखरूँ तो तूफ़ान हूँ, ज़लज़ला हूँ

28.
धावा बोलेगा बहुत जल्द ख़िज़ाँ का लश्कर
शाख़ को नेज़ा करूँ फूल को तलवार करूँ

29.
इक उम्र से तुझे मैं बेउज़्र पी रहा हूँ
तू भी तो प्यास मेरी, ऐ जाम, पी लिया कर

30.
शबे –ग़म ये 'आलोक' किसने सदा दी
तेरे दर्द की हम दवा ला रहे हैं

31.
मन में कुछ-कुछ चुभता रहता है 'आलोक'
थोड़ी सिलवट छूट गई है अस्तर में

32.
तेरे 'आलोक' को तुझसे मिलकर लगा
तेरी यादें रुबाई हैं, पैकर ग़ज़ल

33.
इतनी सी बात पर वो ख़फ़ा हमसे हो गए
दामन छुड़ा रहे थे किसी अजनबी से हम

34.
बुलाना मुझे उसका मक़्सद नहीं
अमीरी का जल्वा दिखाना भी है

35.
घर छोड़ जवाँ बच्चे परदेस गए जब से
रहते हैं बुजुर्गों की आँखों में जवाँ आँसू

36.
पलकों पे रहूँ जाकर, आँखों में बसूँ जाकर
मिल जाए ठिकाना वो, रहते हैं जहाँ आँसू

37.
उठाकर ताक़ पे रख दीं सभी यादें,
नहीं जो तू तेरी यादों से क्यों उलझें?

38.
ख़ुदा मौजूद है जो हर जगह तो फिर,
अक़ीदत केश बुतख़ानो से क्यों उलझें

39.
उम्र को मुझपे वो हावी नहीं होने देती
जब तलक माँ है ये बचपन भी बचा है लोगो

40.
जिसके होने की दुआ माँगी ख़ुदा से हमने
दरबदर हमको वही लख़्ते-जिगर करता है

41.
सुन रहा हूँ कि वो आएंगे हँसाने मुझको
आँसुओं तुम भी ज़रा रंग जमाए रखना

42.
है ये तहज़ीब बुज़ुर्गों की निशानी 'आलोक'
तुम ये गिरती हुई दीवार बचाए रखना

43.
है ज़मींदोज़ वो मग़रूर यहीं दो गज़ में
आसमाँ जिसने बहुत सर पे उठाए रक्खा

44.
हमने ख़ल्वत को न होने दिया बेनूर 'आलोक'
उनकी यादों के चराग़ों को जलाए रक्खा

45.
मेरी ख़ामुशी से न 'आलोक' समझो,
मुझे तुमसे कोई शिकायत नहीं है

46.
खेल कहते थे हम, बाप होकर मगर
हमने समझा, है क्या बाप की ज़िंदगी

47.
आ के 'आलोक' देखो कभी गाँव में
झूठे वादों पे दम तोड़ती ज़िंदगी

48.
उसको पत्थर मगर जीने देंगे कहाँ
हो भी जाए अगर आईना आदमी

49.
बेख़याली कभी हम पे जँचती नहीं
ये अदा भी उसी नाज़नीं पे सजे

50.
मेरे चारागर जबसे तुम हो गये हो
असर कर रही है दवा धीरे-धीरे

51.
मलाल मत करो 'आलोक' दिल के जाने का
हुआ है दिल पे किसे इख़्तियार समझा करो

●●●

णाणं पयासयं

वीर नि. सं. 2470

भारतीय ज्ञानपीठ

ई. सन् 1944